# VITRAIL GOTHIC
## LIVRE DE COLORIAGE

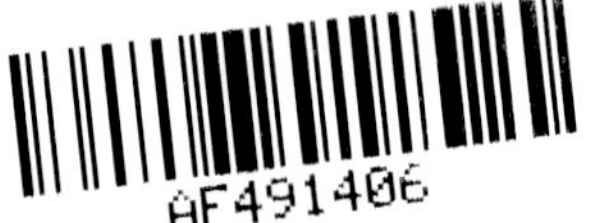

CE LIVRE APPARTIENT À

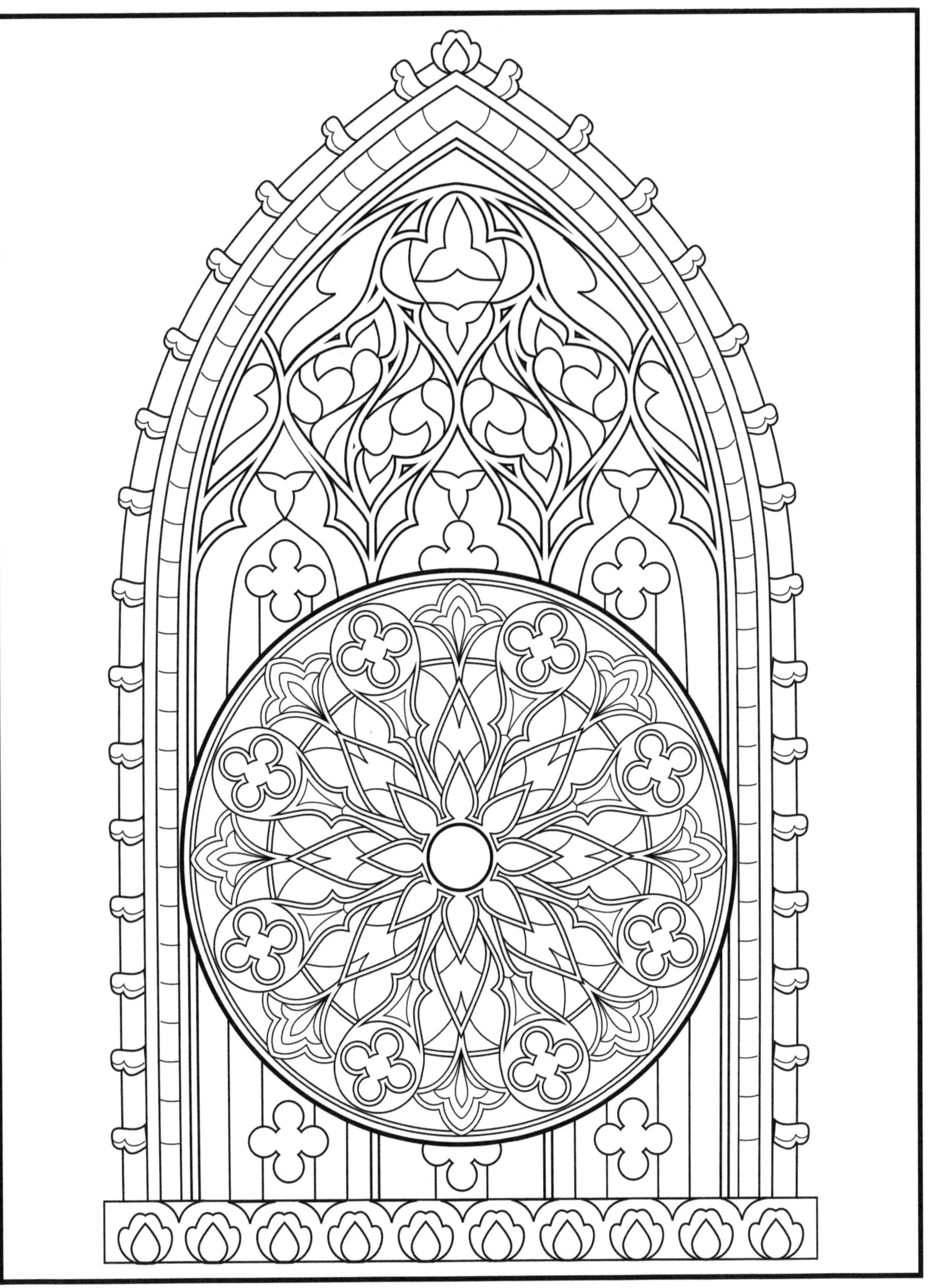

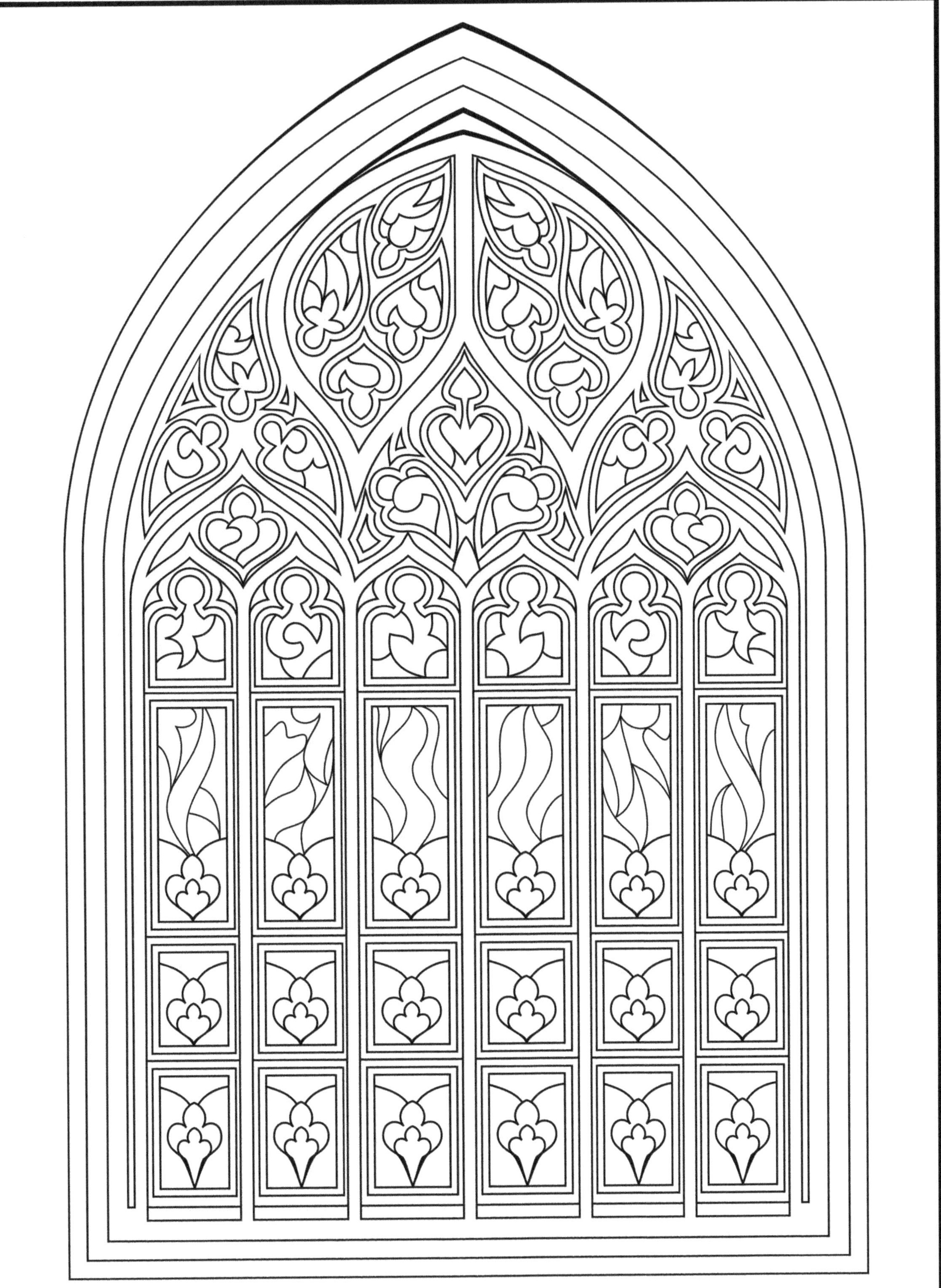

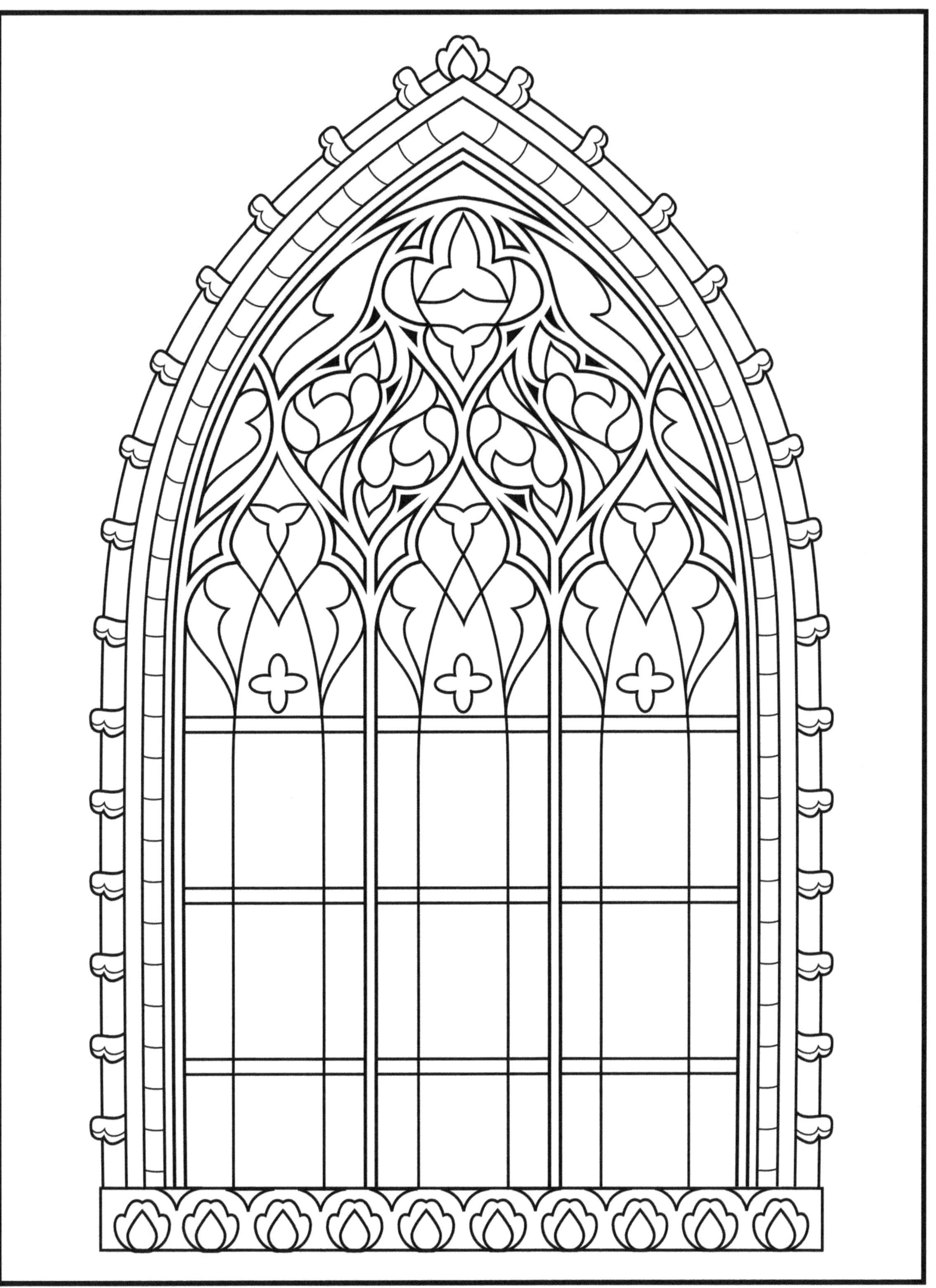

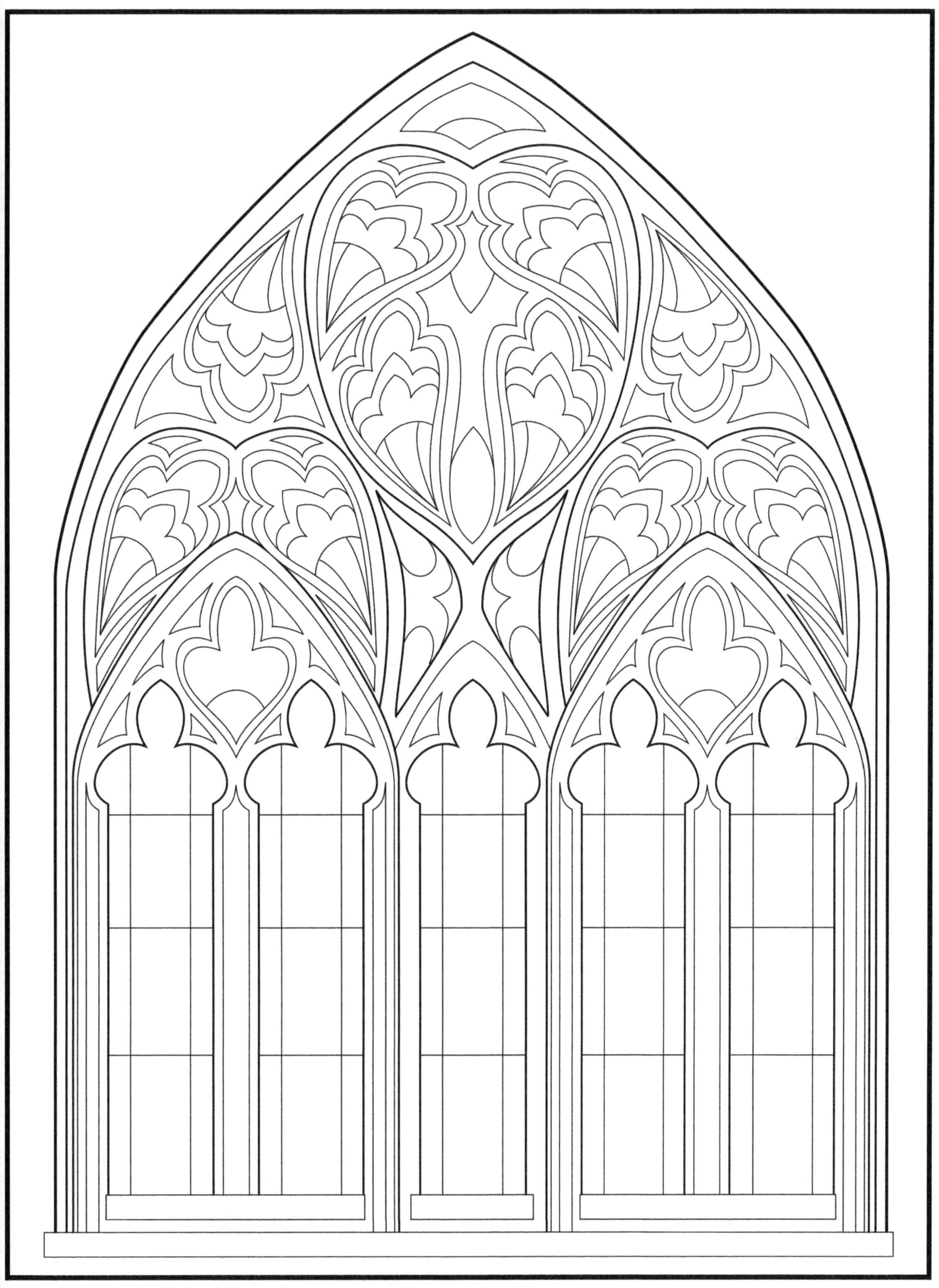

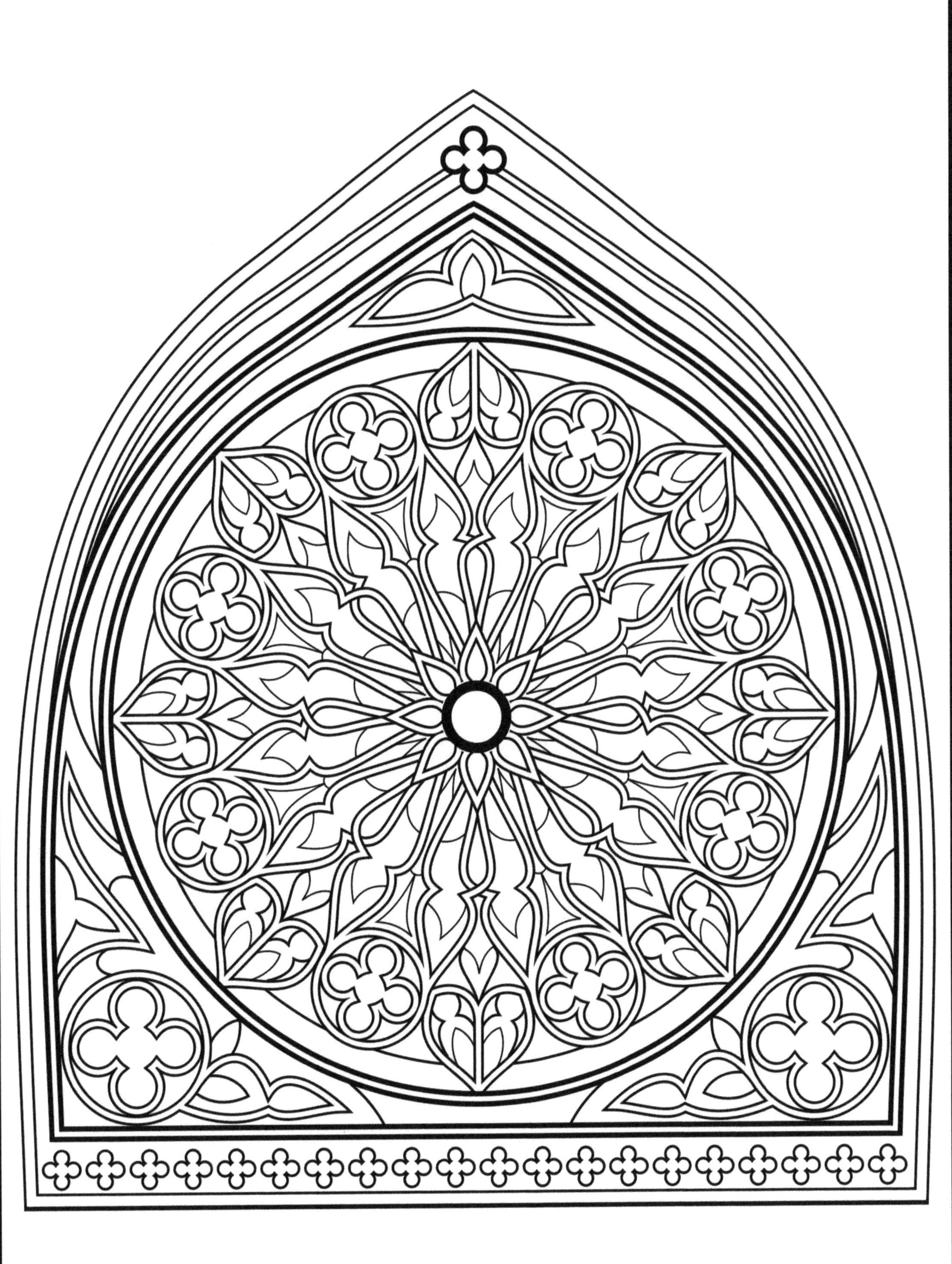

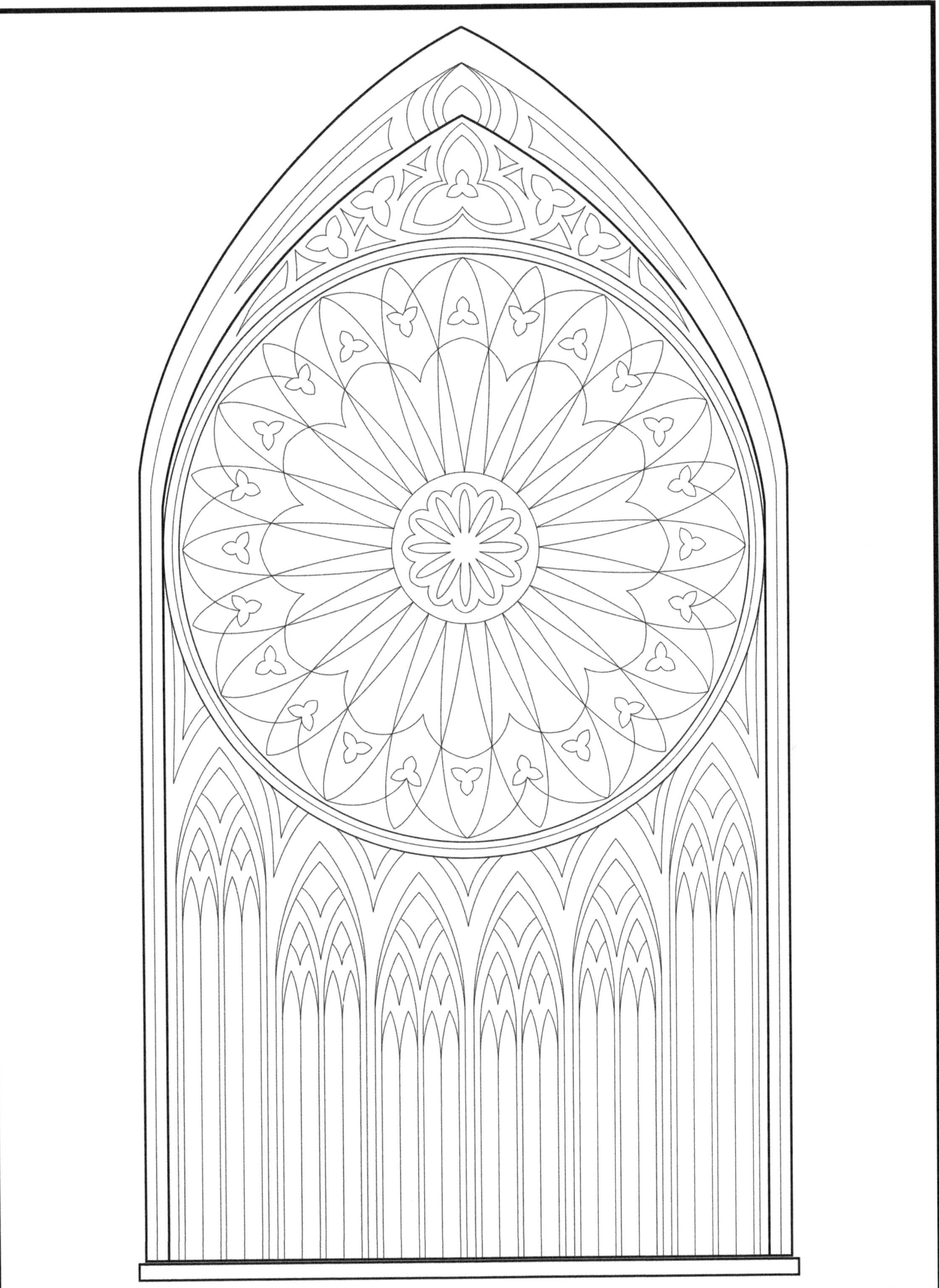

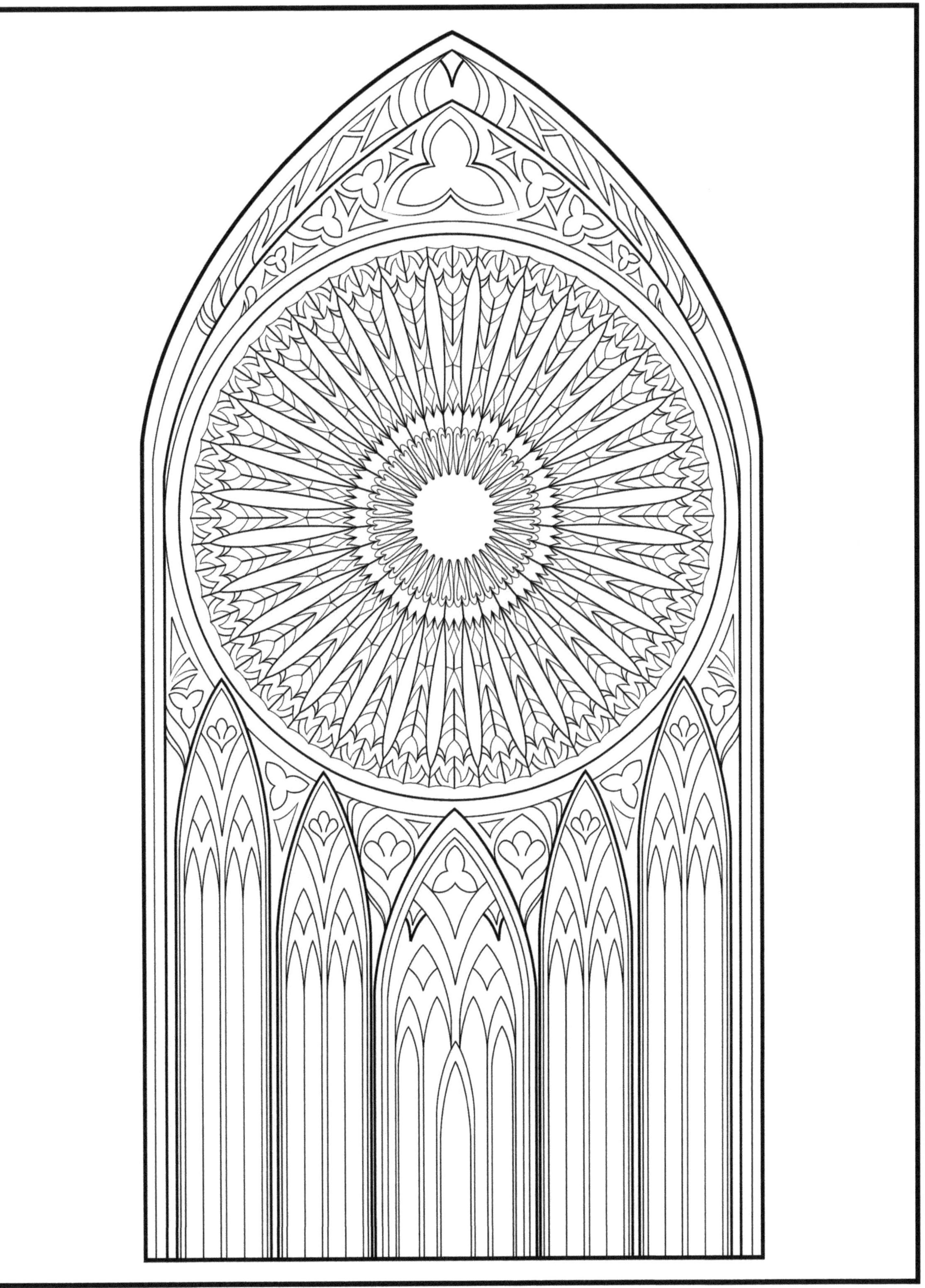

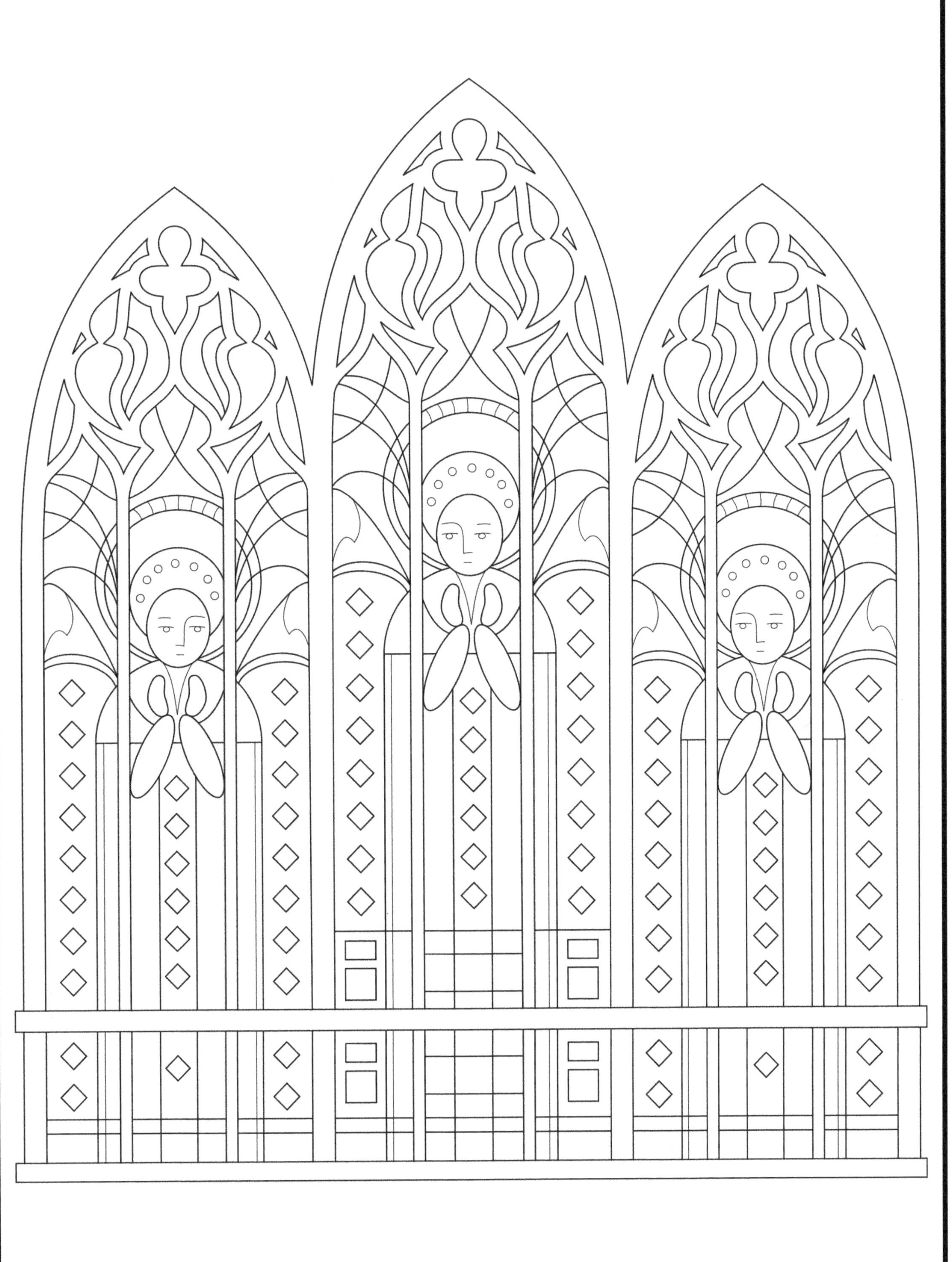

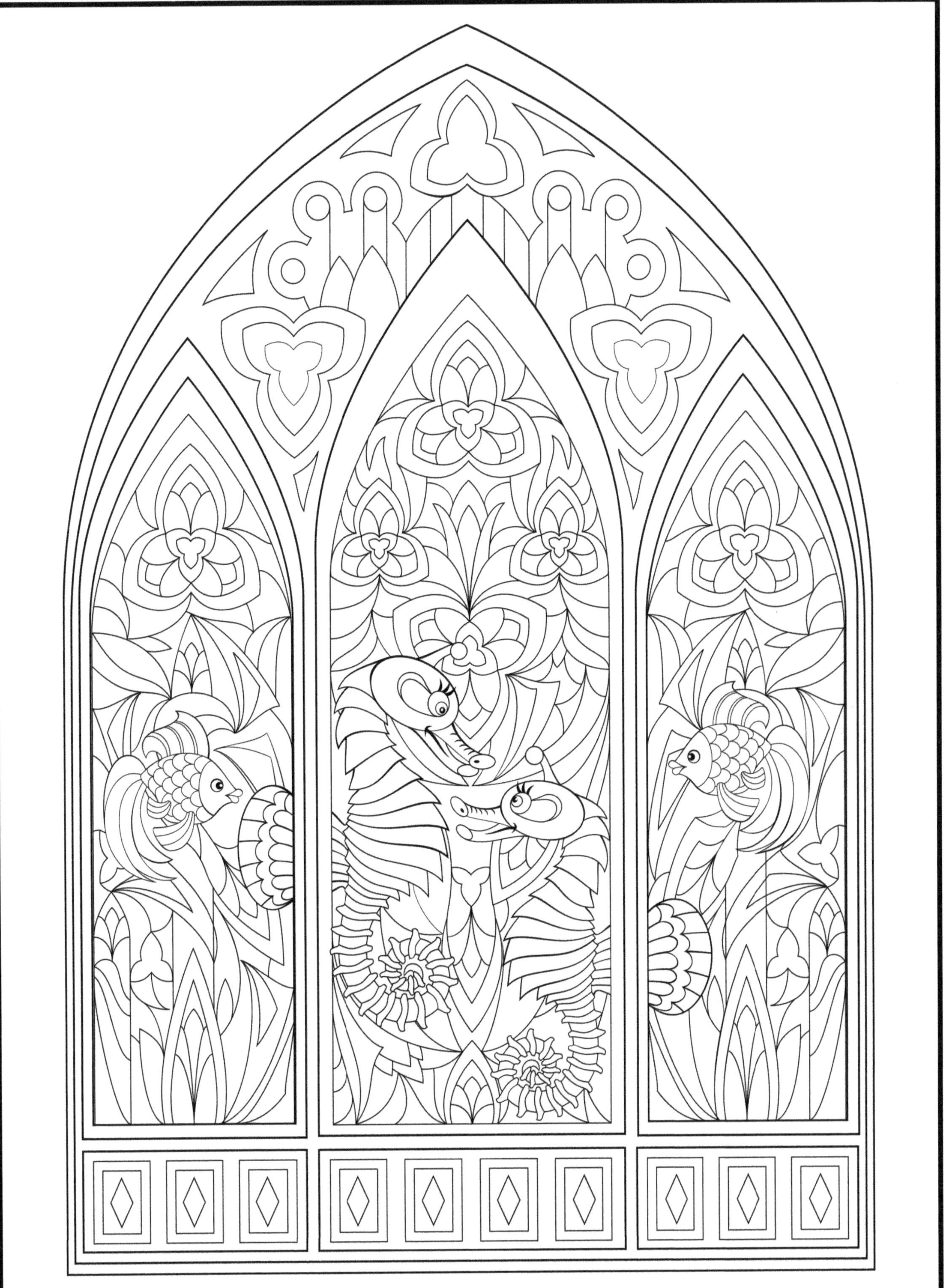

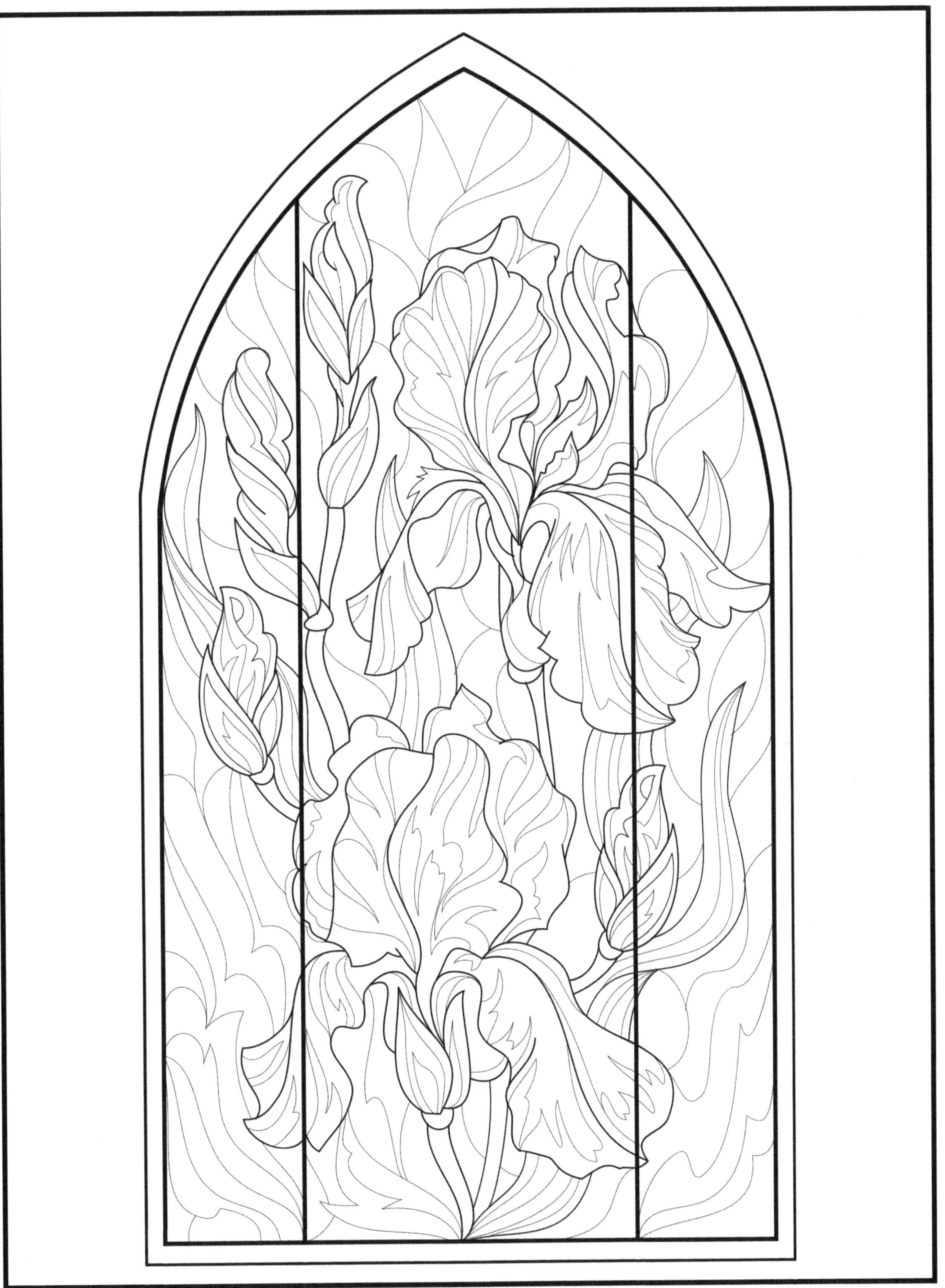

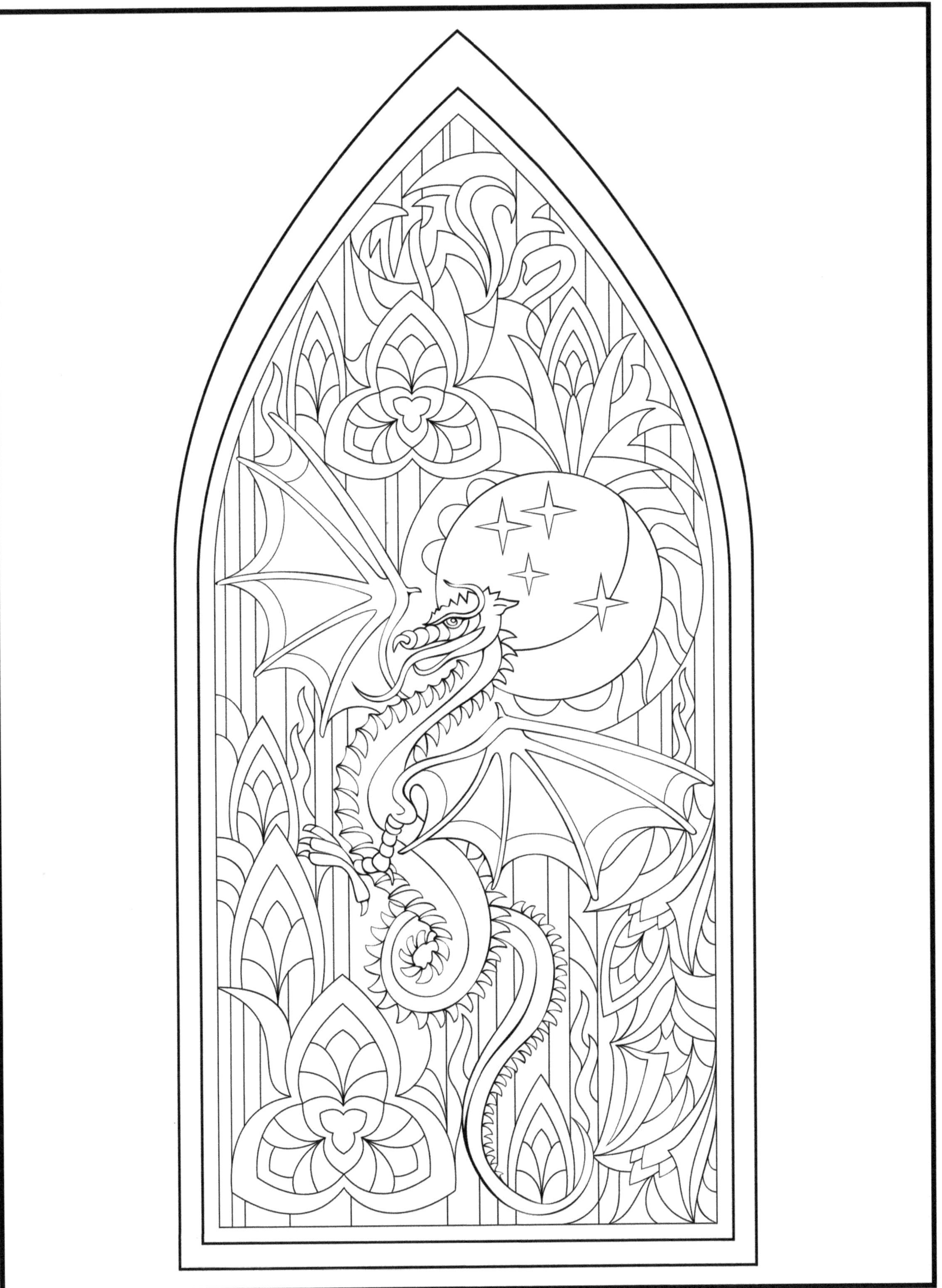

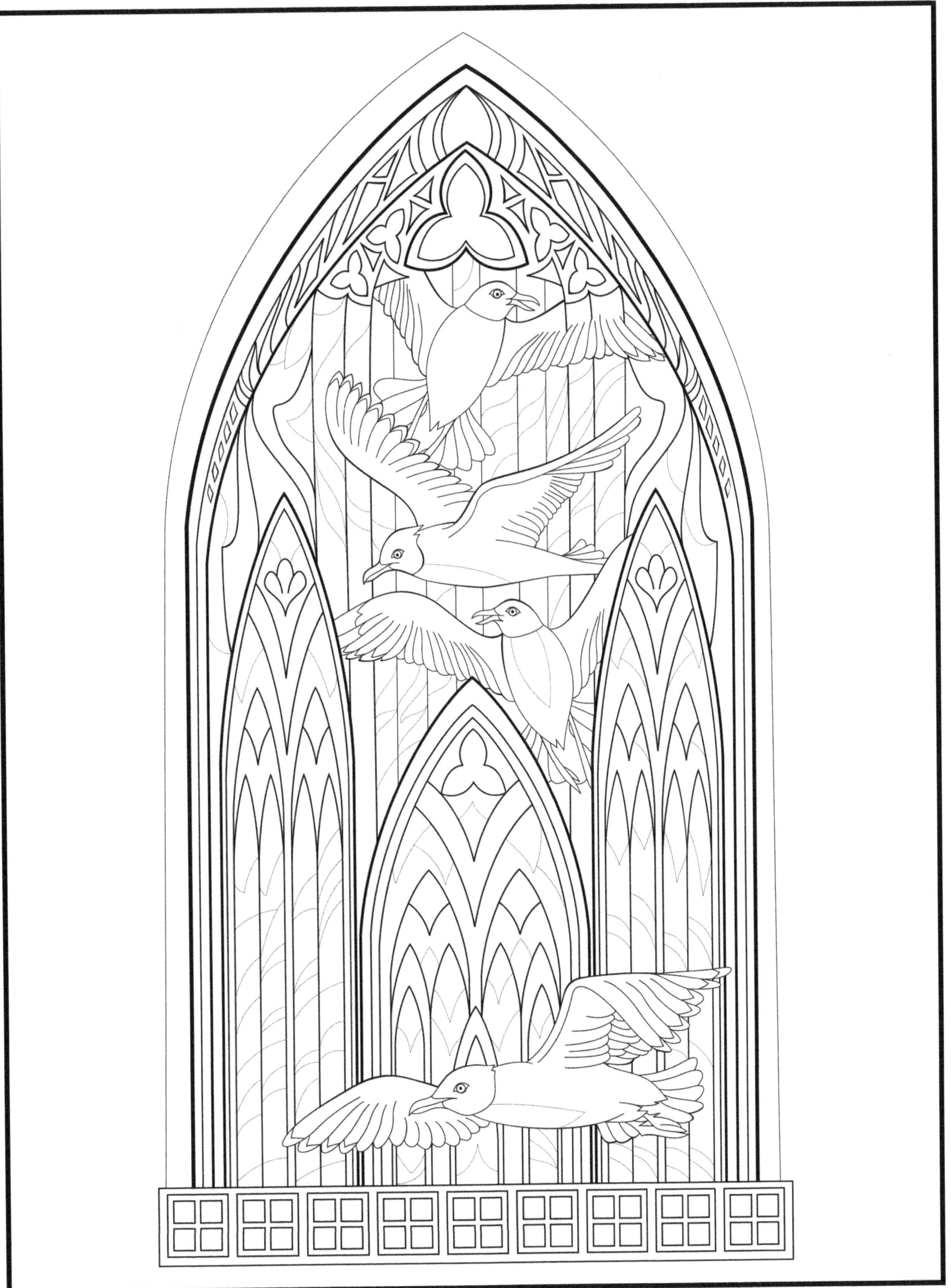

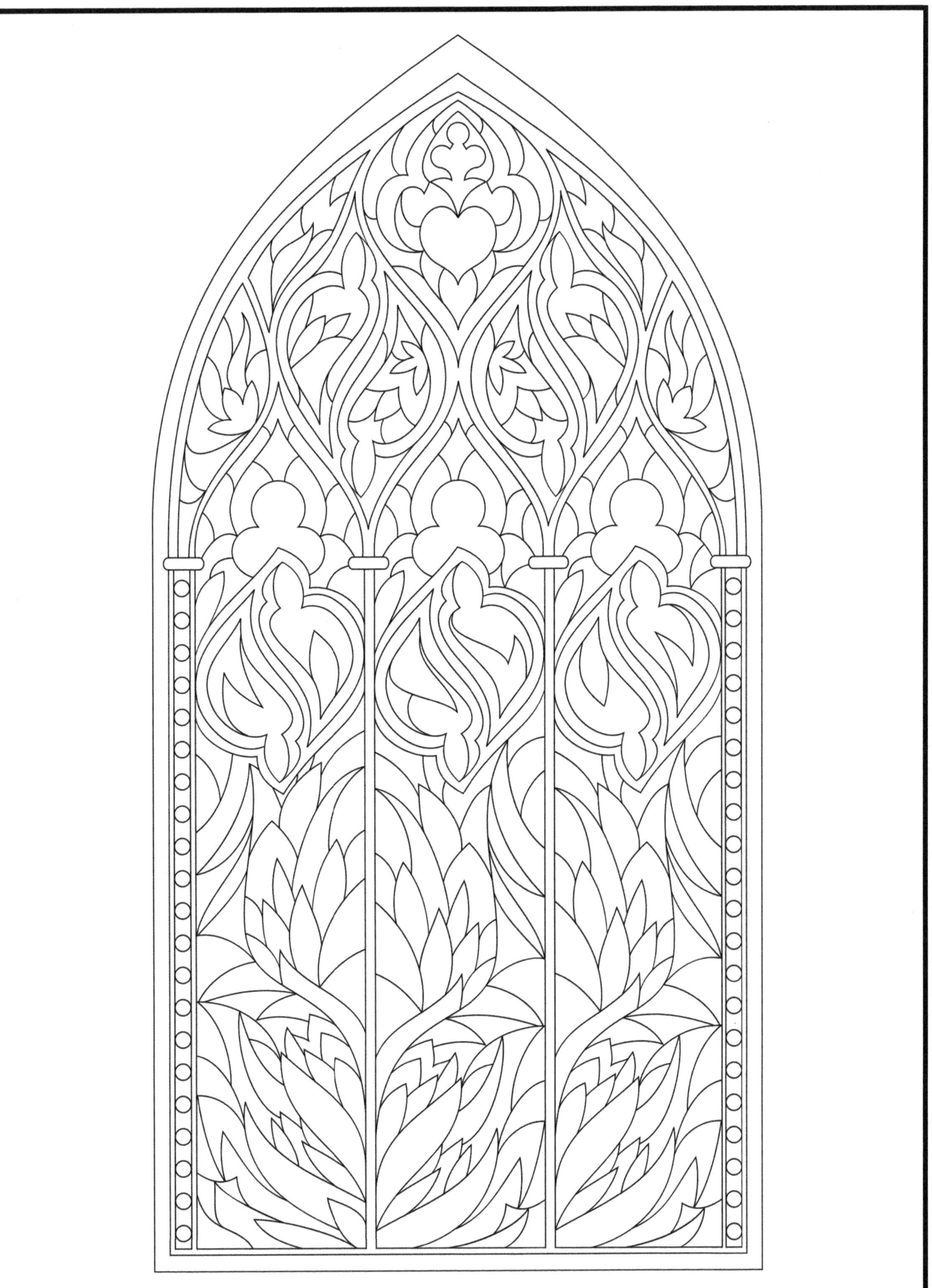

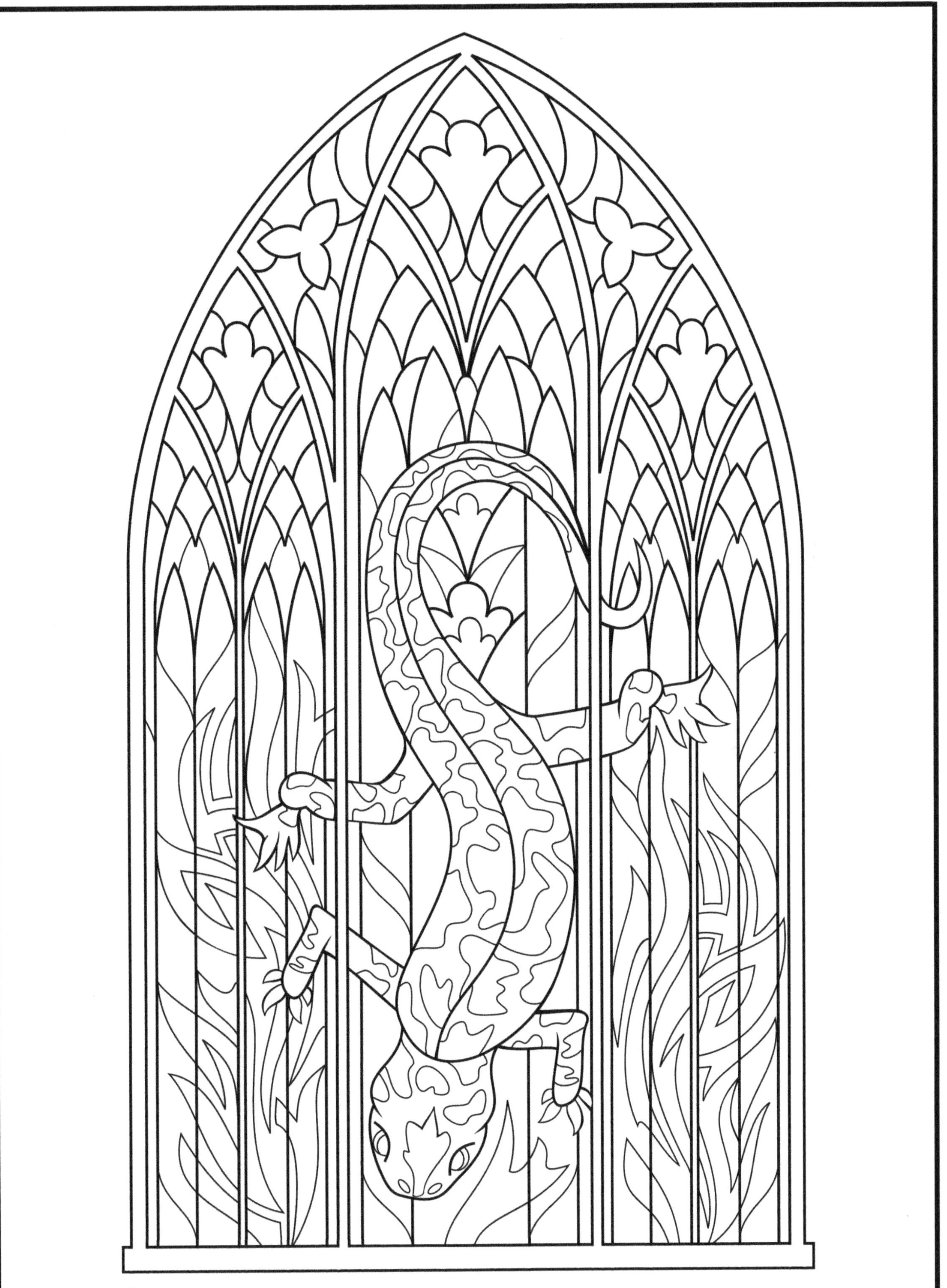

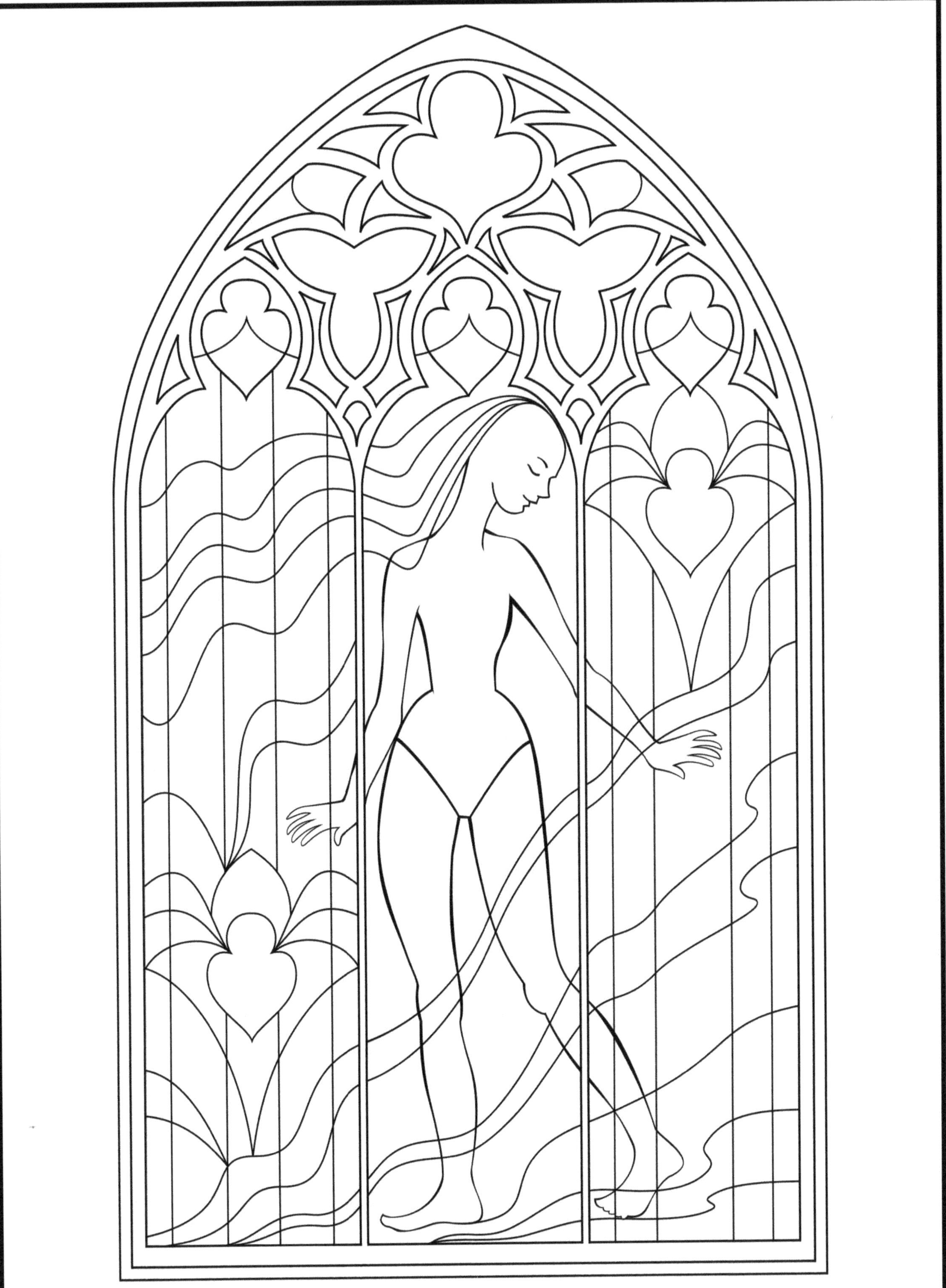

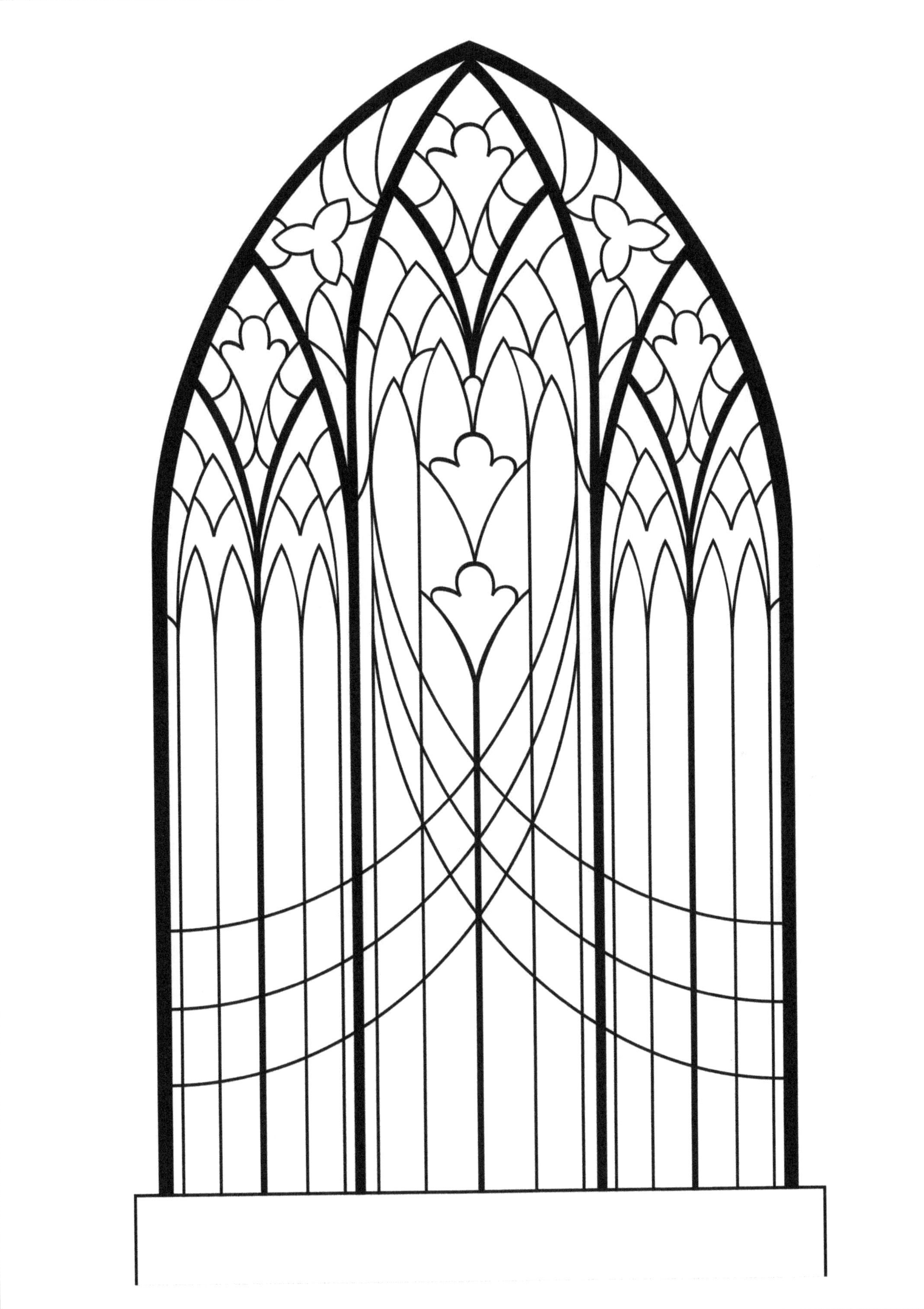

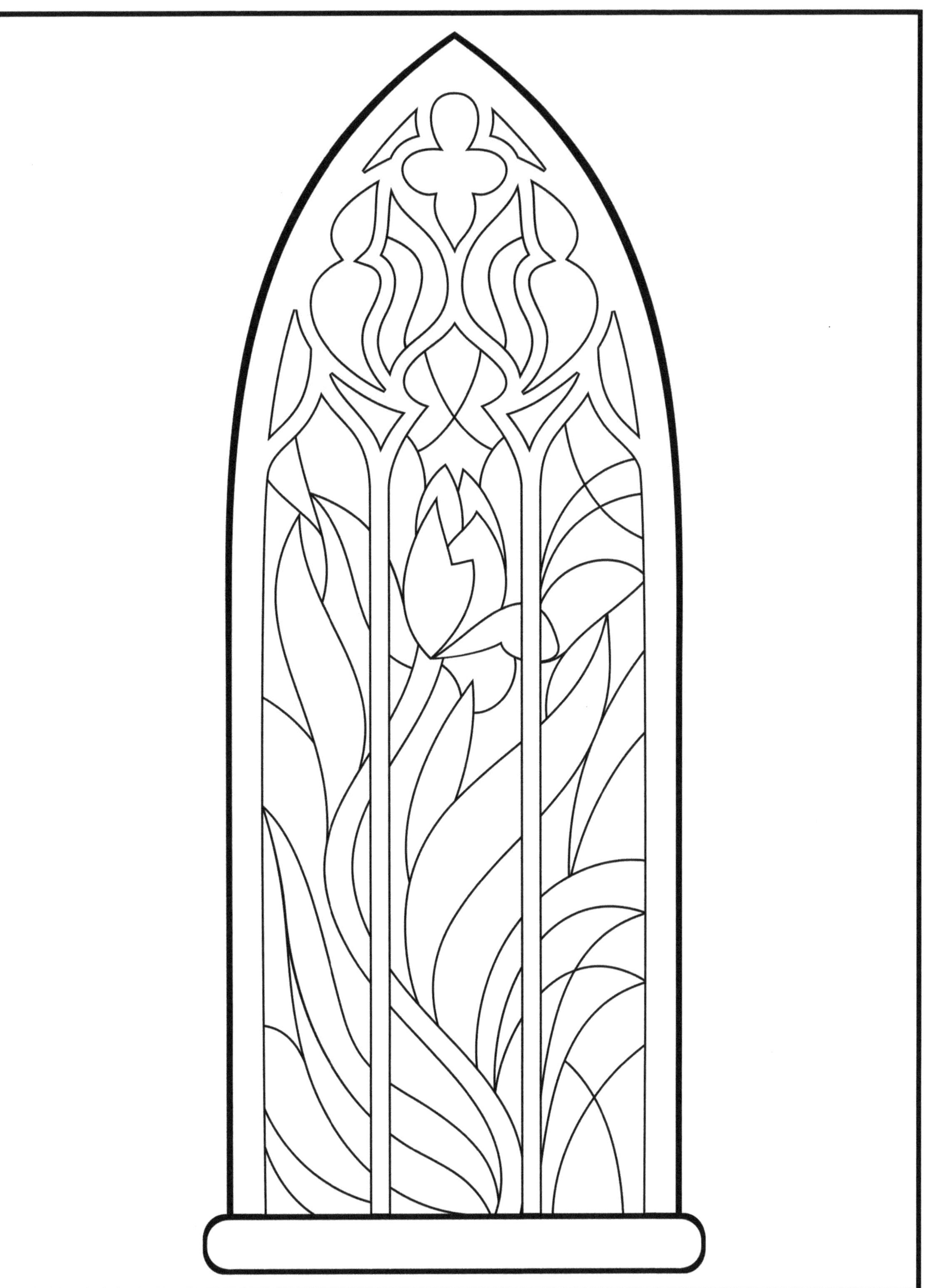

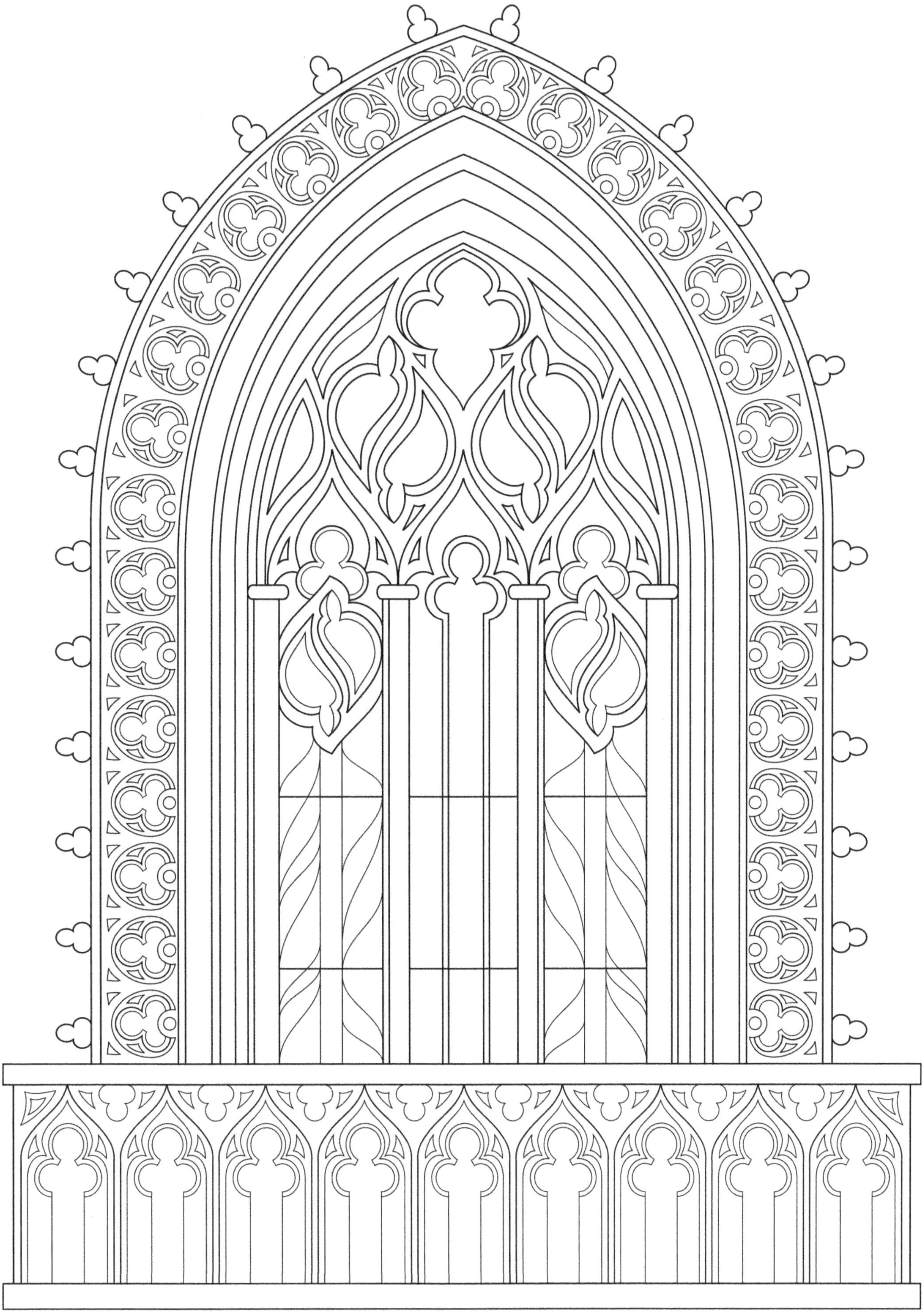

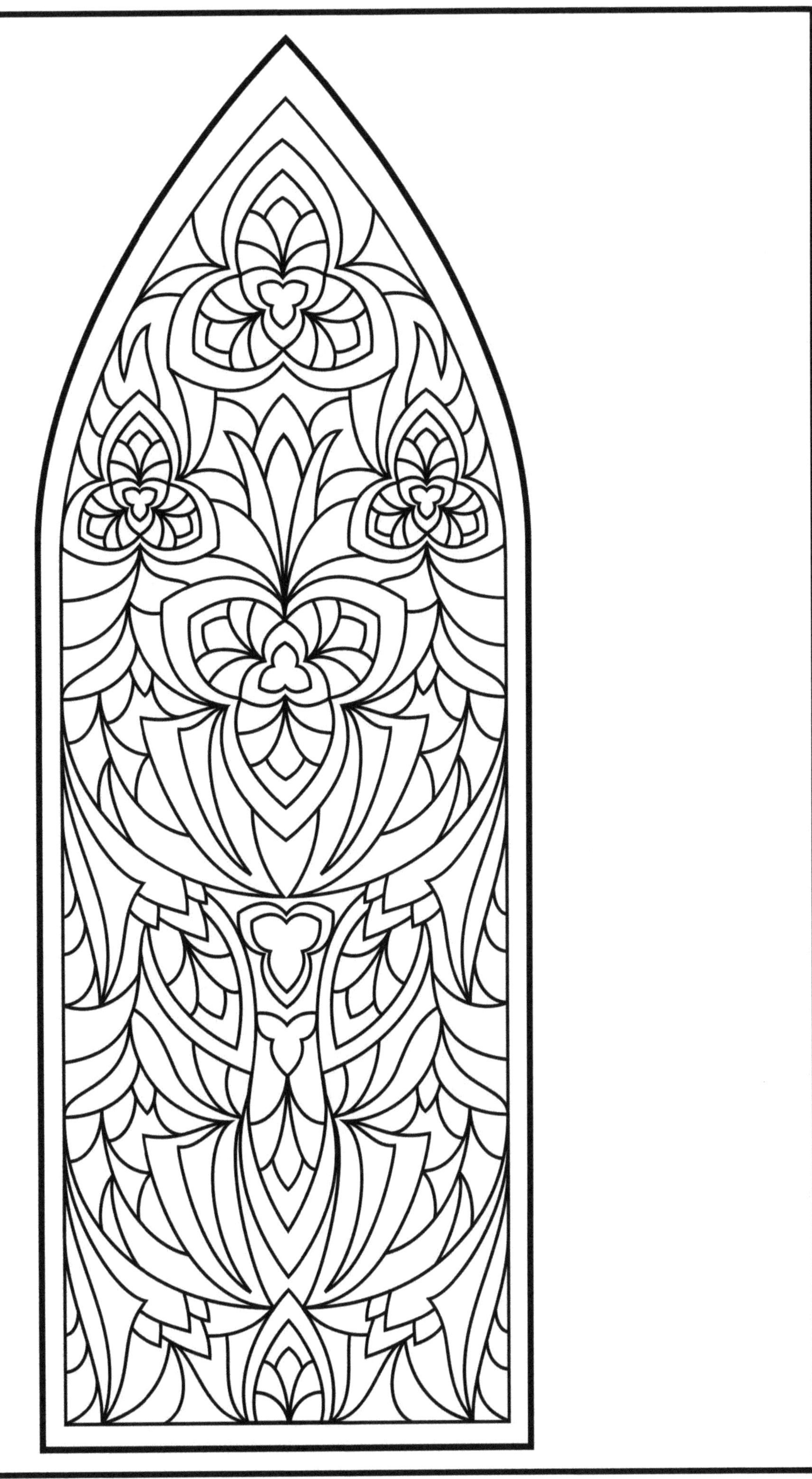

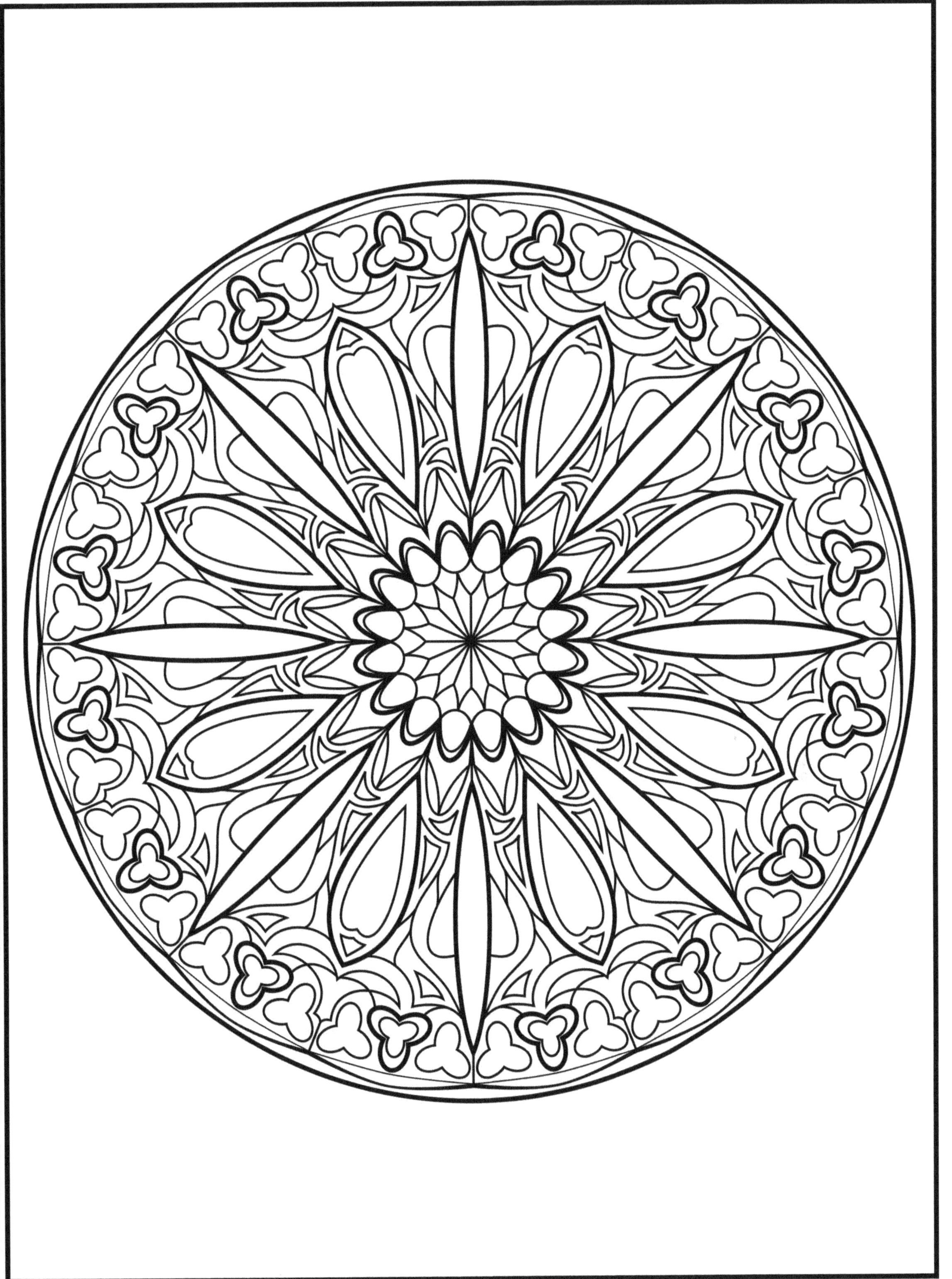

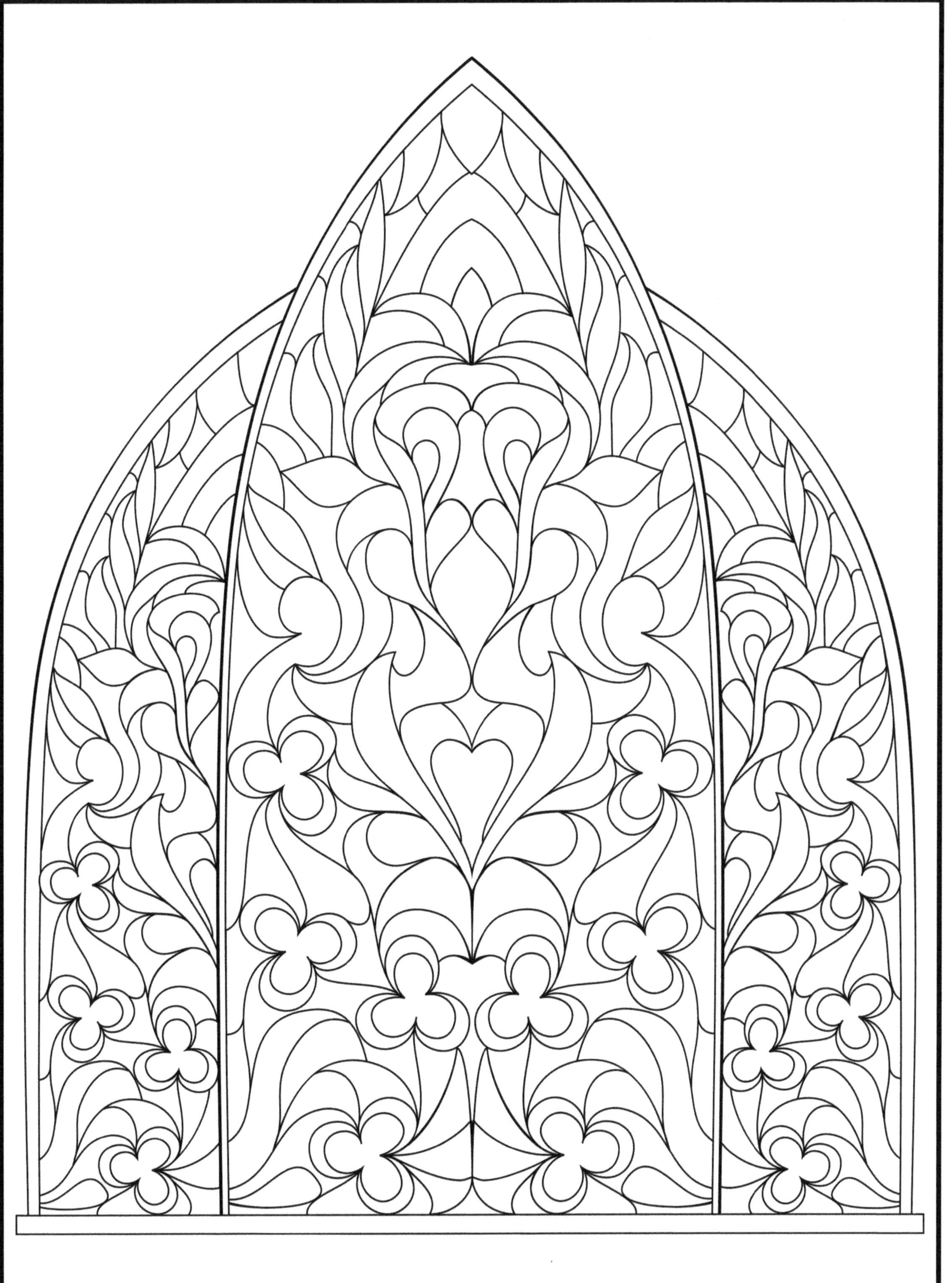

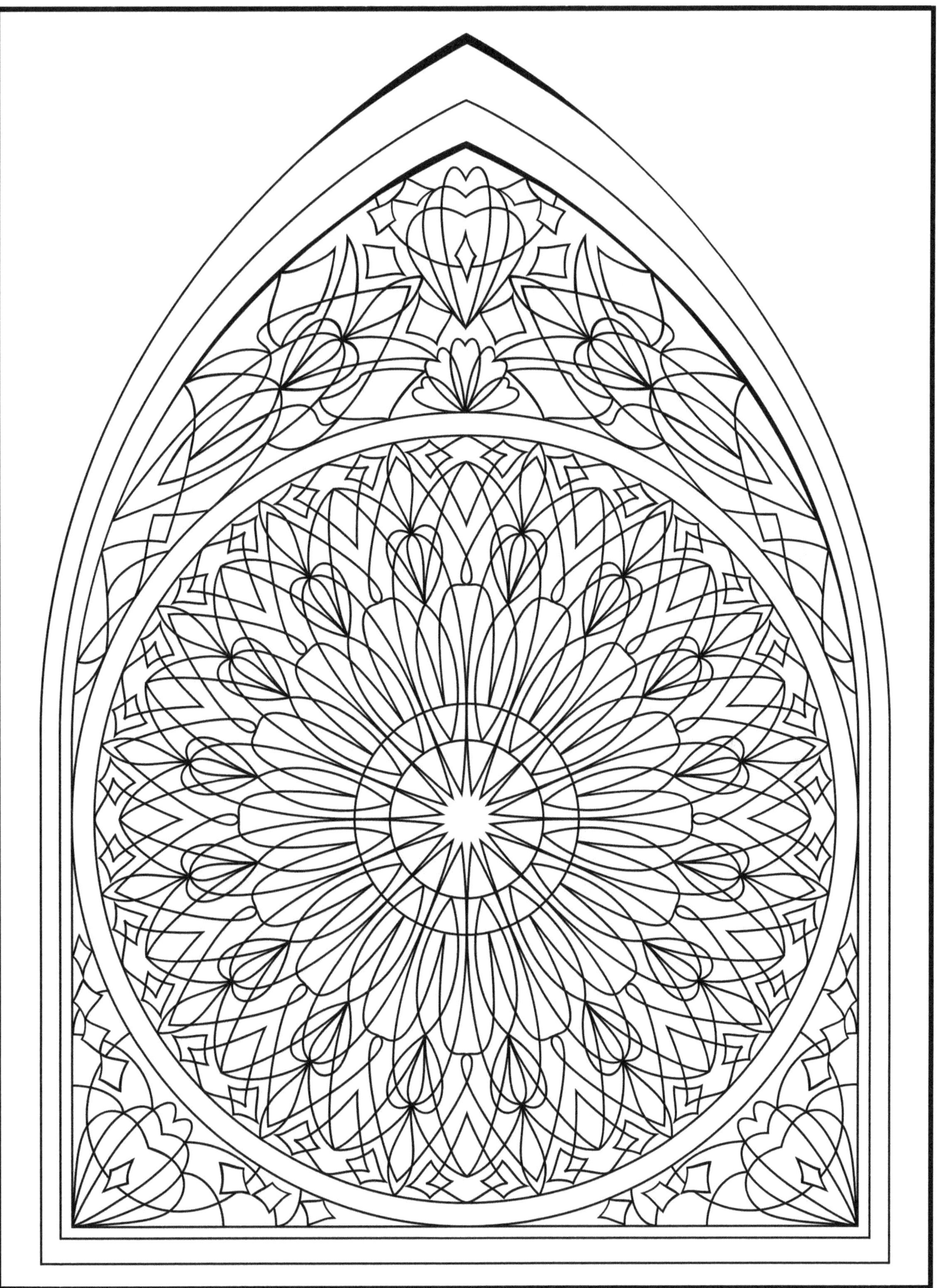

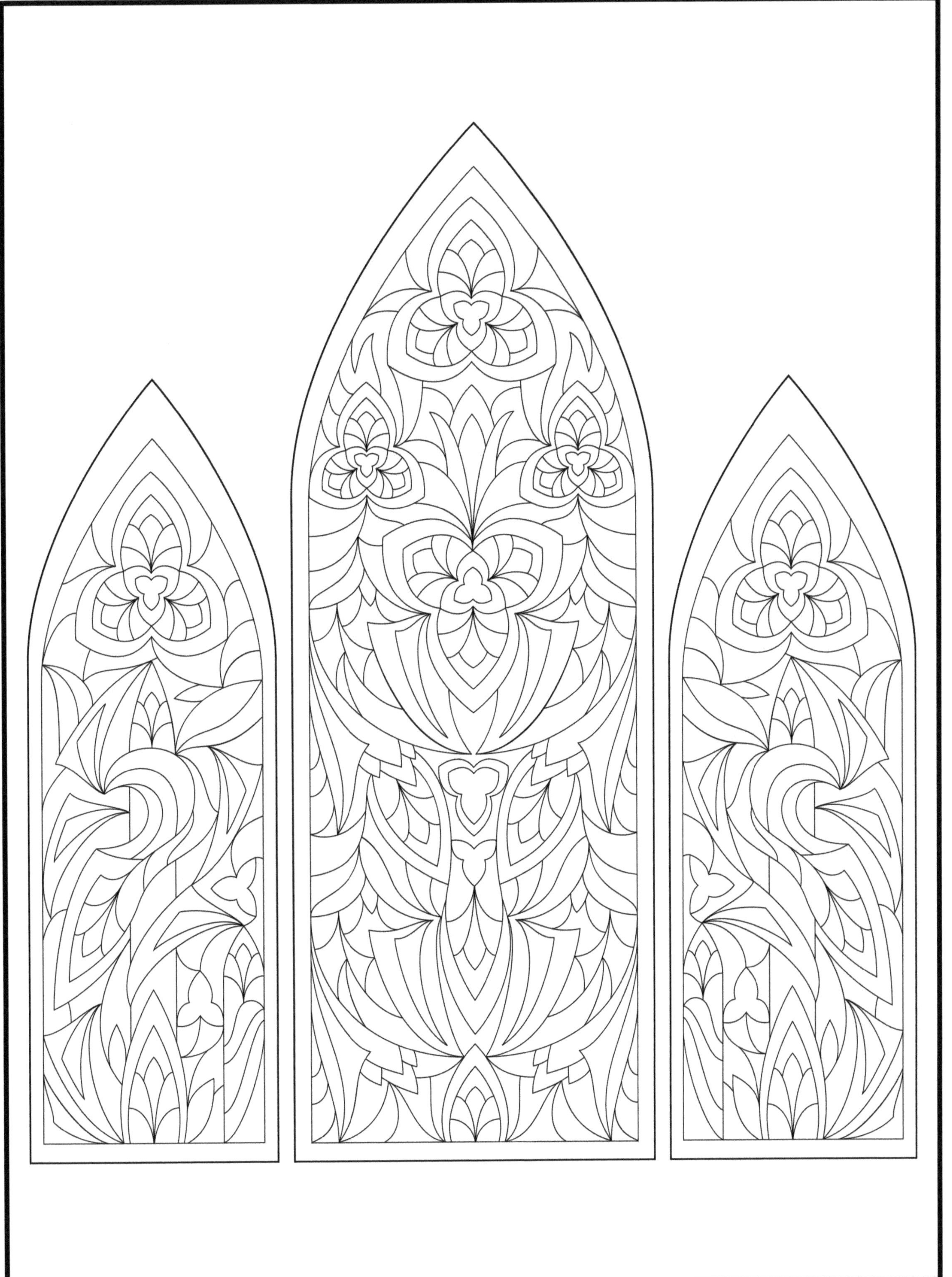

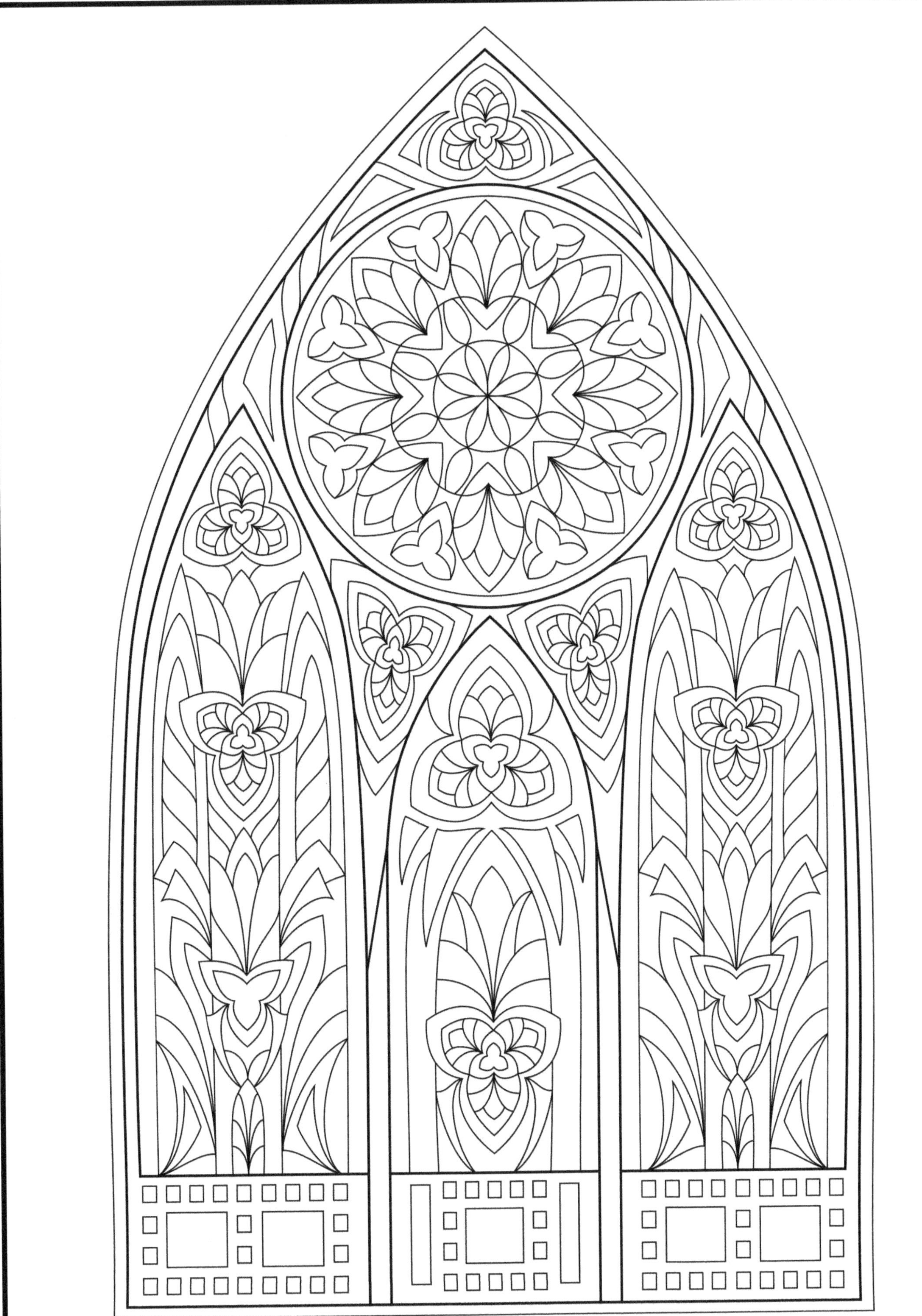

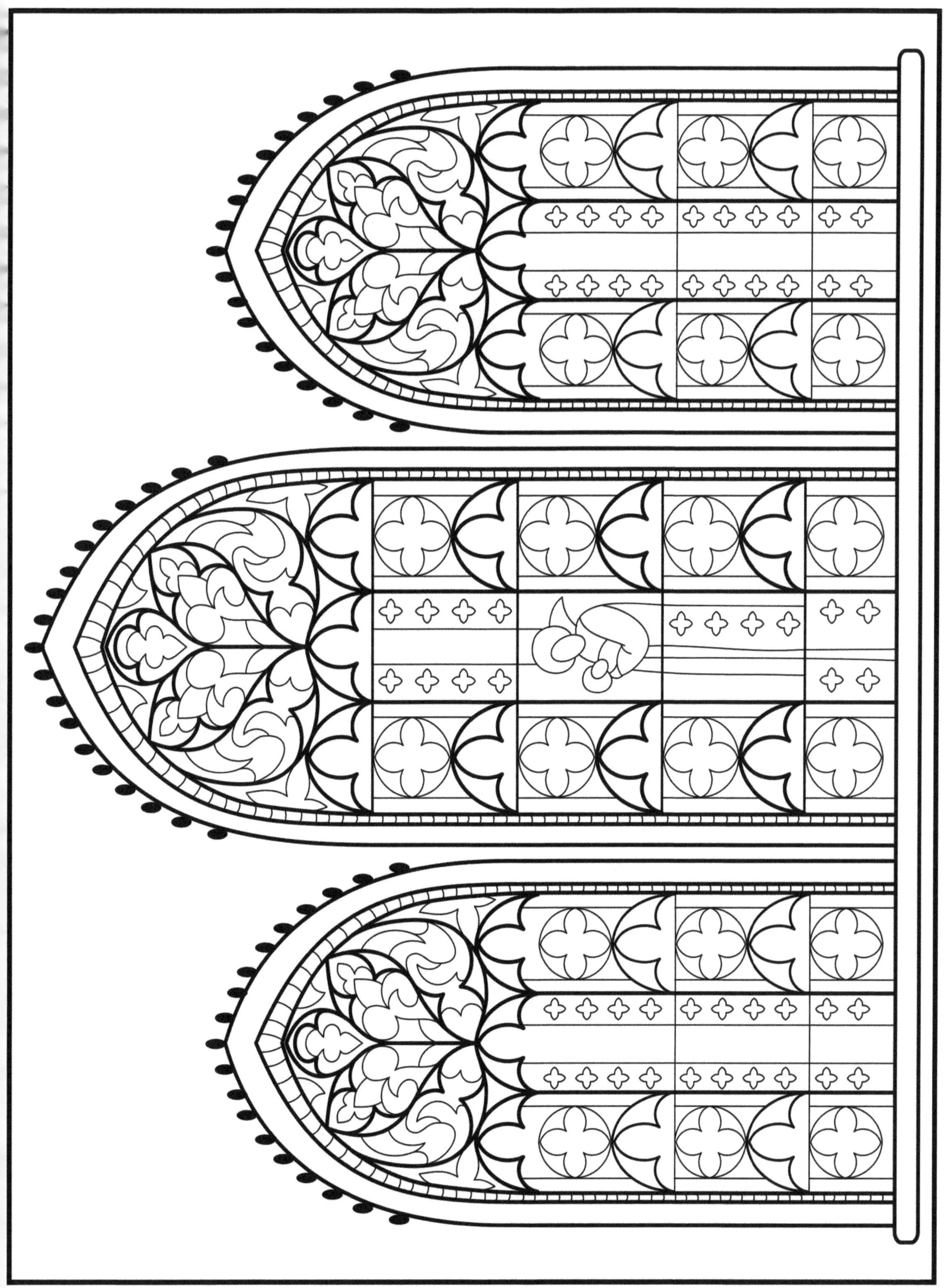

www.ingramcontent.com/pod-product-compliance
Lightning Source LLC
Chambersburg PA
CBHW051634170726
48000CB00025B/3067